BEI GRIN MACHT SICH IHR WISSEN BEZAHLT

AF167200

- Wir veröffentlichen Ihre Hausarbeit, Bachelor- und Masterarbeit

- Ihr eigenes eBook und Buch - weltweit in allen wichtigen Shops

- Verdienen Sie an jedem Verkauf

Jetzt bei www.GRIN.com hochladen und kostenlos publizieren

Trainingsplanung für das Beweglichkeits- und Koordinationstraining

Rron Aliu

Bibliografische Information der Deutschen Nationalbibliothek:

Die Deutsche Nationalbibliothek verzeichnet diese Publikation in der Deutschen Nationalbibliografie; detaillierte bibliografische Daten sind im Internet über http://dnb.d-nb.de abrufbar.

ISBN: 9783346850300
Dieses Buch ist auch als E-Book erhältlich.

Druck und Bindung: Books on Demand GmbH, Norderstedt Germany
Gedruckt auf säurefreiem Papier aus verantwortungsvollen Quellen

Das Buch bei GRIN: https://www.grin.com/document/1344185

Deutsche Hochschule für
Prävention und Gesundheitsmanagement
Hermann-Neuberger-Sportschule 3 66123
Saarbrücken

Name, Vorname	Rron Aliu
Studiengang	B.A. Sportökonomie
Studienmodul	Trainingslehre 3
Datum Präsenzphase (siehe Ergebnisdokumentation)	13.02 – 15.02.2023

Inhaltsverzeichnis

1 Diagnose

1.1 Allgemeine und biometrische Daten

Tabelle 1: Personendaten

Geschlecht	weiblich
Alter	29 Jahre
Körpergröße	1.65 cm
Gewicht	62 kg
Trainingsmotiv	Verbesserung der Beweglichkeit und Koordination, Erhöhung der körperlichen Fitness und Gesundheit
Berufliche Tätigkeit	Büroangestellte
Aktuelle sportliche Aktivität und Trainingsumfang	keine in den letzten 5 Jahren
Frühere sportliche Aktivität	früher gelegentliches Joggen auf niedrigem Niveau
Zeitlicher Verfügungsrahmen	3-mal wöchentlich, jeweils 60 Minuten
Gesundheitliche Einschränkungen	Keine
Orthopädische Probleme	Keine

1.2 Beurteilung der individuellen Beweglichkeit

Aufgrund des Mangels an sportlicher Aktivität in den letzten 5 Jahren könnte die Beweglichkeit der Person eingeschränkt sein. Jedoch gibt es in der Anamnese keine Hinweise auf eine besonders eingeschränkte Beweglichkeit. Somit kann angenommen werden, dass die Beweglichkeit im durchschnittlichen Bereich liegt.

Da die Person in den letzten 5 Jahren keinerlei sportliche Aktivitäten ausgeführt hat, ist es wahrscheinlich, dass ihre Gleichgewichtsfähigkeit beeinträchtigt ist. Jedoch gibt es keine Anhaltspunkte in der Anamnese, die auf eine besonders eingeschränkte Gleichgewichtsfähigkeit hindeuten. Daraus lässt sich schließen, dass die Gleichgewichtsfähigkeit der Person im durchschnittlichen Bereich liegt.

Das Training sollte langsam und progressiv aufgebaut werden, um Überlastungen und Verletzungen zu vermeiden. Es ist empfehlenswert, mindestens 2–3-mal pro Woche ein Beweglichkeits- und Koordinationstraining einzuführen (Behm, 2016).

2 Trainingsplanung Beweglichkeitstraining

2.1 Übungsauswahl und Dehnmethoden Beweglichkeitstraining

Tabelle 2: Trainingsplanung für das Beweglichkeitstraining

Übung	Zielmuskulatur	Dehnmethode	Ausführungskriterien
"Seitliche und hintere Halsmuskulatur-Dehnung im sitzenden Armhebel"	• Musculi scaleni (Schlüsselbein-Hals-Muskeln) • Muscul levator scapulae (Schulterblatt-Hochzieher) • Musculus trapezius (Kapuzenmuskel)	Statisch, passiv: durch Hilfe der Schwerkraft und Armposition	• Sitze aufrecht auf einem Stuhl oder Ball • Lasse einen Arm herunterhängen • Lege den anderen Arm auf deinen Oberschenkel oder fasse über den Kopf auf die gegenüberliegende Seite • Neige denn Kopf zur Seite, um die Dehnung zu spüren
"Armüberkreuz-Dehnung"	• M. Triceps brachii (Ellenbogenstrecker)	Statisch, passiv: durch Hilfe der Schwerkraft und des anderen Arms	• Beugung des Arms auf der zu dehnenden Seite nach oben, so dass die Handfläche zwischen den Schulterblättern liegt • Andere Hand greift über den Kopf und fixiert den gebeugten Ellenbogen • Zug auf Arm ausüben, bis Dehnungsgefühl auf der Rückseite des Oberarms spürbar ist
"Dehnung der Brustmuskulatur"	• Musculus pectoralis major (Brustmuskel)	Statisch, passiv: durch Hilfe der Tür/Wand-Stütze	• Rechten Arm im rechten Winkel beugen und einseitig an Tür/Wand anlegen • Gesamter Körper inklusive Beine zur Gegenseite drehen • Weiterdrehen, bis Zug im Brustbereich spürbar ist
„Dynamische Vorwärtsrolle des Oberkörpers" (Rückenstreckung)	• Musculus erector spinae (Rückenstrecker)	Dynamisch, passiv: Last/Dehnung erhöht sich durch Schwerkraft.	• Aufrecht stehen, Füße schulterbreit auseinander • Langsam den Oberkörper nach vorne rollen, beginnend mit Kopf und Nacken, dann Brust-, mittlerer Rücken und Lendenwirbelsäule • Langsam zurückrollen, beginnend mit den Lendenwirbeln bis zum Kopf • Mehrere Wiederholungen durchführen, mit jedem Durchgang tiefer in die Dehnung hineinbewegen und wieder aufrichten

Übung	Zielmuskulatur	Dehnmethode	Ausführungskriterien
"Katze-Kuh-Übung"	• Musculi erector spinae (Aufrichter der Wirbelsäule) • Musculi transversospinales (Querfortsatzmuskulatur) • Musculus rectus abdominis (Gerader Bauchmuskel) • Musculi obliqui externi et interni abdominis (Äußere und innere schräge Bauchmuskeln) • Musculus trapezius (Kapuzenmuskel) • Musculus rhomboideus major et minor (Großer und kleiner Rautenmuskel) • Musculus serratus anterior (Vorderer Sägemuskel) • Musculi splenii (Lange Nackenmuskeln) • Musculi sternocleidomastoidei (Sternocleidomastoideus-Muskel)	Dynamisch, aktiv: durch eine Kontraktion der antagonistisch wirkenden Muskeln Musculus erector spinae und der Musculus rectus abdominis.	• Ausgangsposition: Knien auf allen Vieren, Hände unter Schultern und Knie unter Hüften • Langsam Rücken nach oben beugen und Kinn in Richtung Brust ziehen für runde Krümmung im oberen Rücken. Halte Position • Rücken in entgegengesetzte Richtung drücken und Kopf heben für hohle Krümmung im unteren Rücken. Halte Position • Tief einatmen, Bauchmuskeln und unteren Rücken anspannen, Spannung halten, weiteratmen • Ausatmen und Rücken und Nacken entspannen • Übung mehrmals wiederholen, um ausreichende Dehnung und Muskelaktivierung zu erreichen

Übung	Zielmuskulatur	Dehnmethode	Ausführungskriterien
„Wirbelsäulenrotation in Rückenlage"	• Musculi obliqui externus abdominis • Musculi obliqui internus abdominis (Seitliche Bauchmuskeln) • Musculi erector spinae, Musculus iliocostalis lumborum • Musculus longissimus thoracis (Seitliche Muskeln des Rückens) • Musculus quadratus lumborum (Untere Rückenmuskeln)	Passiv, statisch: durch Hilfe der Schwerkraft und ohne aktive Kontraktion anderer Muskeln.	• Beginne in Rückenlage mit ausgestreckten Armen zur Seite • Beuge die Knie und stelle die Füße auf den Boden • Senke beide Knie langsam zur Seite und strecke dabei den Arm auf der gegenüberliegenden Seite aus • Halte die Dehnung und kehre dann in die Ausgangsposition zurück • Wiederhole die Übung auf der anderen Seite
„Schmetterlingsübung"	• M. Adductor magnus • M. Adductor longus • M. Adductor brevis • M. Gracilis • M. Pectineus	Aktiv, dynamisch: durch die Kontraktion der antagonistischen wirkenden Muskeln M. Gluteus maximus, M. Gluteus medius, M. Gluteus minimus, M. Tensor fasciae latae, M. Sartorius.	• Auf den Boden setzen und die Fußsohlen zusammenführen • Fasse die Knöchel mit den Händen und ziehe sie in Richtung des Körpers, während die Ellenbogen auf die Innenseiten der Knie drücken • Drücke die Knie langsam nach unten und außen, so dass ein angenehmer Dehnungsreiz in den Adduktoren entsteht
„Cobra"	• M. Rectus abdominis – (Gerader Bauchmuskel) • M. Pectoralis major – (Großer Brustmuskel) • M. Deltoideus – (Schultermuskel) • M. Iliopsoas – (Hüftbeuger)	Passiv, statisch: durch Kraftaufwand der Arme.	• Beginne in der Bauchlage, die Beine gestreckt und die Hände unter den Schultern • Drücke die Hände in den Boden, um den Oberkörper langsam nach oben zu heben • Achte darauf, dass die Hüften am Boden bleiben und die Schultern entspannt sind • Senke den Oberkörper langsam wieder ab und entspanne

Übung	Zielmuskulatur	Dehnmethode	Ausführungskriterien
"Lunge mit erhöhtem Rückenbein"	· M. iliopsoas (Hüftbeuger) • Quadriceps Femoris (vierköpfiger Oberschenkelmuskel) • Adduktoren	Aktiv, statisch: durch die Kontraktion der antagonistischen wirkenden Muskeln Gluteus Maximus (großer Gesäßmuskel), Hamstrings (bestehend aus Musculus biceps femoris, Musculus semitendinosus und Musculus semimembranosus).	• Beginne im Ausfallschritt mit dem rechten Fuß nach vorne und dem linken Fuß nach hinten, so dass das linke Knie fast den Boden berührt • Lege ein Kissen, eine Matte oder ein gefaltetes Handtuch unter das linke Knie, um es zu schonen • Strecke den Rücken durch und drücke das Becken nach vorne, um den Hüftbeuger zu dehnen • Hebe das linke Bein an und lege es auf eine erhöhte Fläche wie zum Beispiel eine Bank oder eine Stufe • Halte die Position für und atme dabei tief ein und aus • Wiederhole die Übung auf der anderen Seite
"Beinheben in Rückenlage"	• Rectus Femoris (gerader Oberschenkelmuskel) • Tensor Fasciae Latae • Sartorius (beugt das Hüft- und Kniegelenk) • Adduktoren	passiv, postisometrisch: durch eine Kombination aus isometrischer Kontraktion und statischer Dehnung beinhaltet.	• flach auf den Rücken legen • Greife das linke Bein oberhalb der Kniekehle und hebe es gestreckt in die Luft • Drücke das Bein aktiv gegen die Hand oder einen Widerstand nach unten, um eine isometrische Kontraktion der ischiocruralen Muskulatur zu erzeugen • Halte diese Kontraktion für 6-10 Sekunden aufrecht • Entspanne das Bein für 2-3 Sekunden und führe es mit Hilfe der Hände in eine tiefe Dehnposition • Halte die Dehnung für 10-20 Sekunden statisch • Entspanne das Bein und ziehe es erneut in Richtung Oberkörper, um die Dehnung zu intensivieren • Halte die Dehnung erneut für einige Sekunden • isometrische Kontraktion und Dehnung werden im Wechsel etwa 60 Sekunden lang wiederholt • Wiederhole die Übung auf der anderen Seite

2.2 Belastungsgefüge Beweglichkeitstraining

Tabelle 3: Belastungsgefüge Beweglichkeitstraining

Belastungsparameter	Passive Dehnung	Aktive Dehnung	Postisometrische Dehnung
Trainingshäufigkeit pro Woche	2 x pro Woche	2 x pro Woche	2 x pro Woche
Setze pro Übung	2 x Sätze pro Übung	2 x Sätze pro Übung	2 x Sätze pro Übung
Dehndauer	30 Sek. pro Dehnung	30 Sek. pro Dehnung	Eine geplante Abfolge von Anspannungs-, Entspannungs- und Dehnungsphasen, die etwa 60 Sekunden dauert. • 6-10 Sek. Isometrische Kontraktion der Zielmuskulatur • Entspannung 2-3 Sek. • Einnehmen der Dehnposition ca. 10-20 Sek. • Vorgang wiederholen und die Bewegungsamplitude, wenn möglich vergrößern
Intensität	„maximale Dehngrenze"	„maximale Dehngrenze"	„maximale Dehngrenze"

2.3 Begründung zur Trainingsplanung für das Beweglichkeitstraining

Die Auswahl der Dehnübungen in diesem Plan zielt darauf ab, die Beweglichkeit und Flexibilität der Muskeln und Gelenke zu verbessern. Diese Übungen wurden ausgewählt, um den ganzen Körper ausgewogen zu dehnen, da keine Dysbalancen bei der Person bekannt sind. Außerdem wurden einige Übungen ausgewählt, die gezielt gegen Verspannungen wirken und auch gegen die negativen Auswirkungen von sitzender Tätigkeit auf den Körper gerichtet sind (Hrysomallis, 2007). Die Dehnmethode, die am häufigsten gewählt wurde, ist die passive Dehnung, da sie einfach anzuwenden ist und nahezu jeder Muskel passiv ausreichend dehnbar ist. Auch Einsteiger können diese Methode effektiv anwenden.

8

Um die Ziele zu erreichen, wurden zehn verschiedene Übungen ausgewählt, von denen jede aktive und passive Übung 2 Sätze durchgeführt werden soll und jede Dehnung 30 Sekunden gehalten werden soll. Diese Methode wurde gewählt, um die Muskeln langsam und schonend zu dehnen und die Beweglichkeit schrittweise zu erhöhen, was sowohl Verletzungen vermeidet als auch die Wirksamkeit der Dehnübungen maximiert. Bei der postisometrischen Dehnung hingegen, kommt es zu mehreren Abschnitten (siehe Tab. 3). Die postisometrische Dehnung führt zu einer größeren Verbesserung der Flexibilität und Kraft im Vergleich zur herkömmlichen passiven und aktiven Dehnung (Feland, 2004).

Das Belastungsgefüge des Plans besteht darin, dass die Person 2-mal pro Woche trainieren soll und 2 Sätze pro Übung durchführen soll. Dies stellt sicher, dass die Muskeln und Gelenke langsam gedehnt werden und genügend Zeit zur Erholung zwischen den Trainingseinheiten haben. Dadurch werden Überbelastung und Verletzungen vermieden und der Fortschritt der Beweglichkeit maximiert.

Basierend auf den bereitgestellten Informationen, dass die Person seit 5 Jahren keinen Sport betrieben hat und das Ziel hat, ihre körperliche Fitness und Gesundheit zu verbessern, erscheint dieser Plan angemessen. Es ist jedoch wichtig, dass die Person jede Übung korrekt ausführt und auf ihren Körper hört, um Verletzungen zu vermeiden. Wenn Unsicherheiten bestehen, könnte sie auch einen professionellen Trainer oder Physiotherapeuten aufsuchen, um Hilfe und Unterstützung bei der korrekten Ausführung der Übungen zu erhalten.

3 Trainingsplanung Koordinationstraining

3.1 Übungsauswahl Koordinationstraining

Tabelle 4: Trainingsplanung für das Koordinationstraining

Übung	Beschreibung	Zielsetzung	Hilfsmittel
„Verfolgen des Daumens"	<ul><li>Ausgangsposition: sitzend oder stehend</li><li>Arm wird ausgestreckt und Daumen wird nach oben, unten, rechts und links bewegt</li><li>Proband soll mit den Augen dem Daumen folgen, ohne den Kopf zu bewegen</li><li>Wiederholungen für jede Richtung</li></ul>	Verbesserung der Augen-Hand-Koordination und des visuellen Tracking, Stärkung der Augenmuskeln, Verbesserung der Konzentration und Aufmerksamkeit (O'Connor).	-
„Propriozeptives Training mit Schwingstab"	<ul><li>Ausgangsposition: Aufrechter Stand mit einem Schwingstab in beiden Händen</li><li>Der Stab wird waagerecht gehalten und in Schwingungen versetzt</li><li>Durch die Schwingungen entsteht ein impulsartiger Widerstand, der die Propriozeption trainiert</li><li>Die Schwingungen können in verschiedenen Intensitätsstufen und Bewegungsrichtungen ausgeführt werden</li><li>Die Übung kann in verschiedenen Schwierigkeitsstufen angepasst werden, z.B. durch Veränderung der Stab-Länge oder durch Schließen der Augen</li></ul>	Verbesserung der Sensomotorik und der Körperkontrolle durch die Stimulation der Propriozeptoren in den Muskeln und Gelenken (Maffiuletti, 2005).	Schwingstab
„Zweibeinstand mit Impulsgebung durch Partner"	<ul><li>Ausgangsposition: aufrechtstehend auf beiden Beinen</li><li>Partner gibt leichte Impulse an verschiedenen Körperpunkten (z.B. Schulter, Becken, Knie) und in verschiedenen Raumebenen (von vorne, hinten, seitlich und diagonal) – Schwierigkeitsgrad kann mit geschlossenen Augen erhöht werden</li></ul>	Verbesserung der propriozeptiven Wahrnehmung und Reaktionsfähigkeit auf unerwartete Impulse (Maffiuletti, 2005). Steigerung der Stabilität und Koordination durch den Umgang mit unvorhersehbaren Bewegungen.	Partner

Übung	Beschreibung	Zielsetzung	Hilfsmittel
„Linienstand"	• Ausgangsposition: Auf einer geraden Linie stellen, die Arme seitlich ausstrecken und den Blick geradeaus richten • Aufgabe: Die Position auf der Linie beibehalten, ohne dass die Arme zur Stabilisierung verwendet werden und dabei verschiedene Bewegungen durchführen, wie z.B. seitliches Beinheben oder Armbewegungen	Gleichgewicht verbessern und die Koordination schulen, indem der Körper gezwungen wird, auf der geraden Linie stabil zu bleiben, während verschiedene Bewegungen ausgeführt werden, (Gehlsen, 1987). Gleichzeitig wird die Körperkontrolle verbessert und die Stabilität der Rumpfmuskulatur gestärkt.	-
„Einbeinstand mit Wippen"	• Ausgangsposition: Einbeinstand • Das Standbein ist leicht gebeugt • Das freie Bein ist in der Luft und leicht nach vorne gestreckt • Durch Anspannung der Fußmuskulatur wird das Gleichgewicht gehalten • Durch eine Wipp Bewegung des Standbeins nach links und rechts wird die Koordination trainiert • Der Schwierigkeitsgrad kann erhöht werden, indem die Augen geschlossen werden	die Verbesserung der Koordination und des Gleichgewichts durch die Beanspruchung der Muskulatur des Standbeins und die Wipp Bewegung (Gehlsen, 1987). Die Schließung der Augen erhöht den Schwierigkeitsgrad, indem sie die proprioceptiven Signale reduziert und die Herausforderung für das Gleichgewichtssystem erhöht (Maffiuletti, 2005).	-
„Ballumgreifen"	• Grätschposition einnehmen • Ball zwischen den Knien auf Kniehöhe halten • Mit einer Hand von vorne und mit der anderen Hand von hinten greifen und wieder loslassen	Koordination und Stabilität im Rumpf-, Bein- und Arm-Bereich verbessern. Durch das Halten des Balls zwischen den Knien wird die Hüft- und Beinkraft gestärkt und das Greifen und Loslassen des Balls mit den Händen erfordert eine gute Hand-Augen-Koordination und Feinmotorik. Die Übung soll helfen, das Gleichgewicht zu verbessern und die Körperkontrolle zu schulen (O'Connor).	Ball
„Stehen auf dem Balance Board"	• Auf das Balance Board stellen und Körper ausbalancieren • Position halten • Schwierigkeitsgrad erhöhen durch Schließen der Augen oder Bewegen der Arme	Gleichgewicht und die Stabilität verbessern sowie die Propriozeption zu schulen. Dabei werden die Muskulatur und die Sensorik im Fuß- und Beinbereich beansprucht und trainiert (Hrysomallis, 2007). Ziel ist es, auf dem instabilen Untergrund des Balance Boards eine stabile und aufrechte Körperhaltung zu bewahren.	Balance Board

Übung	Beschreibung	Zielsetzung	Hilfsmittel
„Sitzen auf dem Pezziball"	• Suche dir eine flache und ebene Fläche, um den Pezziball zu platzieren • Setze dich auf den Ball und achte darauf, dass er stabil und in der richtigen Größe für dich ist. Deine Füße sollten flach auf dem Boden stehen und deine Knie sollten im rechten Winkel gebogen sein • Richte deine Wirbelsäule auf und achte darauf, dass dein Rücken gerade bleibt • Platziere deine Hände auf deinen Oberschenkeln oder lege sie auf den Ball • Halte deine Schultern entspannt und atme tief durch • Versuche, dein Gleichgewicht zu halten, indem du deine Bauch- und Rückenmuskulatur aktivierst • Halte diese Position für 30 Sekunden bis 1 Minute und wiederhole die Übung, um deine Stabilität zu verbessern	Stabilität und Koordination der Rumpfmuskulatur verbessern. Durch das Sitzen auf dem instabilen Pezziball wird der Körper gezwungen, ständig kleine Ausgleichsbewegungen auszuführen, um das Gleichgewicht zu halten (Gehlsen, 1987). Dadurch werden die tiefen Muskelschichten im Rumpf aktiviert und trainiert, was zu einer besseren Stabilität und Haltung führen kann. Die Übung kann auch zur Vorbeugung von Rückenschmerzen eingesetzt werden.	Pezziball
„seitlicher einbeiniger Sprung"	• Stehe auf einem Bein und beuge leicht das Knie • Springe zur Seite auf das andere Bein und lande sanft auf dem Fußballen • Beuge das Knie des Standbeins, um den Aufprall abzufedern • Springe zurück auf das andere Bein und wiederhole die Übung auf dieser Seite • Führe die Übung für mehrere Wiederholungen durch und wechsle dann das Bein	Verbesserung der Balance und Koordination, indem sie die Fähigkeit trainiert, das Gleichgewicht auf einem Bein zu halten und schnelle Richtungswechsel auszuführen (Gehlsen, 1987). Die Übung kann auch dazu beitragen, die Kraft in den Beinen und Füßen zu verbessern sowie das Körperbewusstsein und die Stabilität zu fördern.	

Übung	Beschreibung	Zielsetzung	Hilfsmittel
„Koordinationsleiter"	• Person steht seitlich zur Leiter, mit Blick in Laufrichtung • Ein Fuß wird auf das erste Feld gesetzt, der andere Fuß bleibt außerhalb der Leiter • Nun springt die Person mit dem freien Fuß in das nächste Feld und setzt den anderen Fuß nach • Dies wird fortgesetzt bis zur letzten Stufe der Leiter • Anschließend wird rückwärts durch die Leiter gesprungen, indem man jeweils mit einem Fuß ein Feld zurücktritt und dann den anderen Fuß folgen lässt • Die Übung kann durch Erhöhung des Tempos oder Variation der Sprungmuster erschwert werden.	Koordination und Sprungkraft verbessern, sowie die Reaktionsfähigkeit und die Fähigkeit zur räumlichen Orientierung schulen (Negra). Durch Erhöhung des Tempos und Variation der Sprungmuster kann die Übung weiter erschwert werden.	Koordinationsleiter

3.2 Belastungsgefüge Koordinationstraining

Tabelle 5: Belastungsgefüge Koordinationstraining

Trainingshäufigkeit pro Woche	2 x /Woche
Sätze pro Übung	2 x / Übung
Satzpausen	30 Sekunden
Belastungsdauer	30 Sekunden

3.3 Begründung zur Trainingsplanung für das Koordinationstraining

Die Trainingsplanung für das Koordinationstraining orientiert sich an den Personendaten und der individuellen Gleichgewichtsfähigkeit. Besonderer Wert wird auf Koordinationsübungen gelegt, da sie die Zusammenarbeit zwischen Gehirn und Muskeln fördern und somit die Ansteuerung der Muskulatur optimieren (Schmidtbleicher, 1992). Durch die gezielte Verbesserung der Koordinationsfähigkeit kann zudem das Verletzungsrisiko minimiert werden. Dies ist insbesondere im Hinblick auf Stürze von großer Bedeutung (Carmeli, 2008).

Um eine gezielte Verbesserung der Koordinationsfähigkeit zu erreichen, wird eine methodische Übungsreihe aufgestellt, die verschiedene Schwierigkeitsstufen beinhaltet. Das Belastungsgefüge wird dem Leistungsstand der Person angepasst und sukzessiv gesteigert. Dabei werden sowohl statische als auch dynamische Übungen, sowohl im Stand als auch in Bewegung, eingesetzt. Ein Beispiel für eine Übung zur Verbesserung der Verletzungsprophylaxe ist das Einbeinstand-Training. Hierbei wird die Koordinationsfähigkeit und das Gleichgewicht auf einem Bein trainiert, was sich positiv auf die Stabilität im Alltag auswirken kann, (Maffiuletti, 2005). Darüber hinaus kann eine verbesserte intermuskuläre Koordination durch das Koordinationstraining auch für das Beweglichkeitstraining und Krafttraining von Vorteil sein.

Insgesamt bietet das Koordinationstraining somit eine gute Möglichkeit, gezielt an der Verbesserung der Koordinationsfähigkeit und somit an einer optimierten Ansteuerung der Muskulatur zu arbeiten. Gleichzeitig kann das Verletzungsrisiko minimiert werden und die Stabilität im Alltag gesteigert werden.

4 Literaturrecherche

Tabelle 6: "Effekte des Dehnens im Hinblick auf die Prävention von Verletzungen"

Wer hat die Studien durchgeführt?	„A Randomized Trial" wurde von einer Gruppe von Forschern durchgeführt, die alle am Center for Sport Performance an der California State University in Fullerton, USA, tätig sind. Die Autoren der Studie sind: • Jason Brumitt • Scott En Gilbreath • Kara M Meira • Angela L Gairola • Matthew J Day • William E Skinner (Brumitt, et al., 2015)	Die Studie wurde von einem Team von Forschern des Departments für Rehabilitation am Hiroshima International University in Japan durchgeführt. Die Autoren der Studie sind: • Someya Fujiko • Nobuhide Azuma (Azuma, 2020)
In welchem Jahr wurden die Studien publiziert?	2013	2020
Welche Forschungsfrage wurde untersucht?	"Ist statisches oder dynamisches Dehnen effektiver bei der Verhinderung von Verletzungen bei High-School-Fußballspielern?"	Die Forschungsfrage war, ob eine physiotherapeutische Dehnungsintervention Muskelverspannungen reduzieren und somit Verletzungen bei männlichen High-School-Fußballspielern vorbeugen kann.
Mit welchen Versuchspersonen wurden die Studien durchgeführt?	146 High-School-Fußballspieler, die zufällig in eine statisches Dehnungsgruppe, eine dynamisches Dehnungsgruppe oder eine Kontrollgruppe eingeteilt wurden.	Die Studie wurde an 124 männlichen High-School-Fußballspielern von zwei Schulen durchgeführt, die an nationalen Fußballturnieren teilnahmen.
Wie sah der Versuchsaufbau der Studien aus?	A Randomized Trial" wurden 146 High-School-Fußballspieler zufällig einer von drei Gruppen zugeordnet: einer Gruppe für statisches Dehnen, einer Gruppe für dynamisches Dehnen und einer Kontrollgruppe. Die Teilnehmer in der statischen und dynamischen Dehnungsgruppe dehnten jeweils zweimal täglich für 3 Wochen, während die Kontrollgruppe keine speziellen Dehnübungen durchführte. Die Dehnübungen dauerten jeweils etwa 15 Minuten und wurden von erfahrenen Trainern überwacht.	Die Studie war eine randomisierte kontrollierte Studie, in der die Teilnehmer zufällig in eine Interventionsgruppe (12-wöchige Dehnungsintervention durch Physiotherapeuten) oder in eine Kontrollgruppe (ohne Intervention) eingeteilt wurden. Die Spieler und Trainer machten schriftliche Angaben zu Verletzungen und täglichen Trainings- und Spielzeiten. Die Physiotherapeuten besuchten jede Mannschaft wöchentlich, um Daten zu sammeln und die

	Die Verletzungen wurden während der Saison verfolgt und dokumentiert, um die Auswirkungen der Dehnübungen auf die Verletzungshäufigkeit zu bewerten. Die Forscher analysierten die Daten, um herauszufinden, ob statisches oder dynamisches Dehnen signifikante Auswirkungen auf die Verletzungsrate der High-School-Fußballspieler hatte.	Dokumentation zu überprüfen. Muskelverspannungen und Verletzungen, Anzahl, Art, Ort, Umstände, Situationen, Schweregrad und Inhalt während der 12-wöchigen Interventionsphase und einer anschließenden 40-wöchigen Beobachtungsphase wurden zwischen den Gruppen verglichen.
Welche relevanten Ergebnisse und Schlussfolgerungen lieferten die Studien?	Es gab keinen signifikanten Unterschied in der Verletzungshäufigkeit zwischen den Gruppen. Weder statisches noch dynamisches Dehnen hatte einen signifikanten Einfluss auf die Verhinderung von Verletzungen bei den High-School-Fußballspielern. Die Autoren schlussfolgerten, dass weder statisches noch dynamisches Dehnen allein ausreicht, um Verletzungen bei High-School-Fußballspielern zu verhindern. Weitere Untersuchungen sind notwendig, um zu ermitteln, ob eine Kombination aus statischem und dynamischem Dehnen oder andere Faktoren die Verletzungsrate bei Fußballspielern senken können.	Die Studie zeigte, dass die Dehnungsintervention Muskelverspannungen und Verletzungen bei männlichen High-School-Fußballspielern reduzierte. Die Anzahl der Verletzungen war während des 40-wöchigen Beobachtungszeitraums signifikant niedriger als in der Kontrollgruppe ($P < .01$), nicht jedoch während des 12-wöchigen Interventionszeitraums ($P = .44$). Die Dehnungsübungen verbesserten den Bewegungsumfang und die Rumpfflexibilität, was sich positiv auf die Verletzungsrate bei männlichen High-School-Fußballspielern auswirkte, insbesondere bei Verletzungen, die während des Trainings ohne Kontakt auftraten.

5 Literaturverzeichnis

Azuma, N. &. (2020). Injury prevention effects of stretching exercise intervention by physical therapists in male high school soccer players. *Scandinavian journal of medicine & science in sports*, S. 30(11), 2178–2192.

Behm, D. G. (2016). Acute effects of muscle stretching on physical performance, range of motion, and injury incidence in healthy active individuals: a systematic review. *Applied Physiology, Nutrition, and Metabolism*, S. 41(1), 1-11.

Brumitt, J., En Gilbreath, S., Meira, K., Gairola, A., Day, M., & Skinner, W. (2015). Effects of Static and Dynamic Stretching on Injury Prevention in High School Soccer Athletes: A Randomized Trial. Journal of sport rehabilitation. *A Randomized Trial. Journal of sport rehabilitation*, S. 24(3), 229–235.

Carmeli, E. e. (2008). "The effect of a novel motor intervention program on gait and balance of patients with dementia: a pilot study.". *Alzheimer disease and associated disorders 22.2*, S. 158-164.

Feland, J. B. (2004). Effect of submaximal contraction intensity in contract-relax proprioceptive neuromuscular facilitation stretching. *British Journal of Sports Medicine*, S. 38(3), E18.

Gehlsen, G. M. (1987). Effects of an aquatic fitness program on the muscular strength and endurance of patients with multiple sclerosis. *Physical Therapy 67.12* , S. 1893-1898.

Hrysomallis, C. (2007). Relationship between balance ability, training and sports injury risk. *Sports medicine*, S. 37(6), 547-556.

Maffiuletti, N. A. (2005). The effects of proprioceptive neuromuscular facilitation training on knee proprioception and balance in soccer players. *Res Sports Med 13.2*, S. 83-96.

Negra, Y. C. (kein Datum). The effects of coordination training with a jump rope and ladder on the physical capacities of young soccer players. *Research in Sports Medicine, 27(3)*, S. 309-322.

O'Connor, A. R. (kein Datum). The functional significance of foveal immaturity. *Visual neuroscience, 27(01)*, S. 51-59.

Schmidtbleicher, D. (1992). Training for power events. *In Strength and Power in Sport*, S. pp. 381-395. Von https://www.swissheart.ch abgerufen

6 Tabellenverzeichnis